BEI GRIN MACHT SICH IHR WISSEN BEZAHLT

AF167195

- Wir veröffentlichen Ihre Hausarbeit,
  Bachelor- und Masterarbeit

- Ihr eigenes eBook und Buch -
  weltweit in allen wichtigen Shops

- Verdienen Sie an jedem Verkauf

Jetzt bei www.GRIN.com hochladen und kostenlos publizieren

Nutzen und Aufwand von Datenmanagement, Datensicherung und Archivierung von Daten

Robert Schneider

Bibliografische Information der Deutschen Nationalbibliothek:

Die Deutsche Nationalbibliothek verzeichnet diese Publikation in der Deutschen Nationalbibliografie; detaillierte bibliografische Daten sind im Internet über http://dnb.d-nb.de abrufbar.

ISBN: 9783346943224
Dieses Buch ist auch als E-Book erhältlich.

Druck und Bindung: Books on Demand GmbH, Norderstedt Germany
Gedruckt auf säurefreiem Papier aus verantwortungsvollen Quellen

Das vorliegende Werk wurde sorgfältig erarbeitet. Dennoch übernehmen Autoren und Verlag für die Richtigkeit von Angaben, Hinweisen, Links und Ratschlägen sowie eventuelle Druckfehler keine Haftung.

Das Buch bei GRIN: https://www.grin.com/document/1394557

Assignment

Thema:

Datenmanagement

Modulbezeichnung: IMG40 - Informationsmanagement

Inhaltsverzeichnis

Abbildungsverzeichnis

Tabellenverzeichnis

Abkürzungsverzeichnis

BSI	Bundesamt für Sicherheit in der Informationstechnik
CD	Compact Disc
DVD	Digital Versatile Disc
ERP	Enterprise-Resource-Planning
HDD	Hard Disc Drive
IT	Informationstechnik
LTO	Linear Tape Open
LVS	Lagerverwaltungssystem
MOD	Magneto-Optical Disk
NAS	Network Attached Storage
RAID	Redundant Array of Independent Disks; oft auch Redundant Array of Inexpensive Disks
SAN	Storage Area Network
SSD	Solid State Drive

1.   Einleitung

1.1   Einführung in das Thema

Mit der Aussage „Daten sind das Öl des 21. Jahrhunderts"[1] unterstrich der ehemalige Geschäfts-
führer des Business-Netzwerks Xing bereits 2015 die Wichtigkeit von Daten. Gemeint ist die Entwicklung von einer Industrie- zu einer Informationsgesellschaft.[2] Daten sind ein wichtiges und
wertvolles wirtschaftliches Gut, auch in monetärer Hinsicht.[3] Um die Bedeutung der Faktoren
„Wissen" und „Informationen", also Daten, zu unterstreichen, werden die klassischen Produkti-
onsfaktoren um diesen Faktor erweitert.[4] Dabei sollte das Datenmanagement im Unternehmen
mindestens ebenso professionell gestaltet werden wie das Management der klassischen Produkti-
onsfaktoren,[5] da es sich sowohl um die Sicherung der Daten als auch die Datenarchivierung küm-
mert.

Daten sind jedoch oft eine nicht ausreichend beherrschbare Komponente sowie risikobehaftet für
Unternehmen. Gleichzeitig sind Daten oft Quelle vieler Probleme.[6] Die Datensicherung spielt in
Unternehmen dabei eher den Part des notwendigen Basisdienstes. Die Funktionsfähigkeit bei der
Sicherung von Daten wird als selbstverständlich angesehen. Gleiches Verhalten zeigt sich bei der
Sicherheit von Daten.[7] Dabei stehen Unternehmen gerade durch die wachsende Flut an Information, wie auch den Vorgaben über die Dauer und Art der Datenvorhaltung durch den Gesetzgeber,
vor besonderen Herausforderungen.[8] Ein Verlust der Daten würde folgenschwere finanzielle Schä-
den verursachen. Neben dem Umsatzausfall und den Kosten für die Beseitigung eines entstehen-
den Datenlecks bei Online-Delikten kann durch den Verlust von Kundendaten ein Imageschaden
entstehen, der monetär nicht beziffert werden kann.[9]

Von gesetzlicher Seite wurde am 25. Mai 2016 die Europäische Datenschutzverordnung (EU-DS-
GVO) verabschiedet. Unternehmen haben die Vorgabe, die Verordnung bis zum 25. Mai 2018
umsetzen. Das bedeutet, dass die Regeln zur Verarbeitung personenbezogener Daten durch private

---

[1] Höinghaus: Big Data wirtschaftlich sinnvoll einsetzen, 2015
[2]Vgl. Dippold/Meier/Schnider/Schwinn: Unternehmensweites Datenmanagement, 2005, S. 1
[3]Vgl. Dippold/Meier/Schnider/Schwinn: Unternehmensweites Datenmanagement, 2005, S. IX
[4]Vgl. Dippold/Meier/Schnider/Schwinn: Unternehmensweites Datenmanagement, 2005, S. 11
[5]Vgl. Dippold/Meier/Schnider/Schwinn: Unternehmensweites Datenmanagement, 2005, S. 14
[6]Vgl. Dippold/Meier/Schnider/Schwinn: Unternehmensweites Datenmanagement, 2005, S. IX
[7]Vgl. Eschweiler/Atencio Psille: Securitywork, 2006, S. 259
[8]Vgl. Krcmar: Informationsmanagement, 2015, S. 335
[9]Vgl. o. V.: TÜV Rheinland: Datenverlust erzeugt in Unternehmen hohe Kosten, 2011

Unternehmen, wie auch öffentliche Stellen EU-weit vereinheitlicht werden. Dadurch wird zum einen der Schutz personenbezogener Daten innerhalb der Europäischen Union gewährleistet, zum anderen wird der freie Datenverkehr innerhalb des Europäischen Binnenmarktes sichergestellt.[10]

1.2   Problemstellung und Ziel dieser Arbeit

Im Vorfeld beschäftigt sich das Assignment mit der Erarbeitung der konzeptionellen Grundlagen des Datenmanagements und versucht, eine Herleitung der Begrifflichkeiten Datenmanagement, Datensicherung und Datenarchivierung herzustellen. Folgend wird der Nutzen sowie der Aufwand von Datenmanagement, -sicherung und -archivierung erläutert. Im Anschluss werden die unterschiedlichen Datensicherungsmedien, welche in magnetische, optische und elektrischen Speichermedien sowie Onlinespeicher klassifiziert werden, auf ihre Vor- und Nachteile beleuchtet. Daran reiht sich die Erstellung eines Konzepts für Datenmanagement, -sicherung und -archivierung in Form einer fiktiven Fallstudie. Abschließend wird die Thematik zusammengefasst und kritisch reflektiert. Außerdem werden Ausblicke gegeben, die im Zusammenhang mit der Thematik stehen, aber auf die, aufgrund des Umfangs des Assignments, nicht eingegangen werden konnte.

2.   Konzeptionelle Grundlagen

Datenbestände werden zu den wertvollsten Unternehmensressourcen gezählt. Dieses Kapitel, welches die konzeptionellen Grundlagen der vorliegenden Arbeit umfasst, gliedert sich in drei Unterkapiteln: Datenmanagement, Datensicherung und Datenarchivierung. Um sich der Problematik nähern zu können, sollte man sich mit der Bedeutung der in der Aufgabenstellung thematisierten Schlüsselworte auseinandersetzen. Das folgende Kapitel dient demnach der Vermittlung theoretischer Grundlagen.

2.1   Datenmanagement

Unter dem Begriff des Datenmanagements werden alle Prozesse zusammengefasst, die zur Planung, Beschaffung, Verwaltung und Nutzung (unternehmensinterner) Daten, zur Erfüllung von Aufgaben sowie zur Unterstützung von Entscheidungen, dienen. Dies betrifft also betriebliche sowie technische Aspekte der Modellierung, Administration, Technik, Sicherheit, Konsistenz und Sicherung (z. B. Back-up) der Daten. Dabei sollte gewährleistet sein, dass unternehmensweit die relevanten Daten gespeichert, bereitgestellt und genutzt werden können. Ein (einfacher) Zugang

---

[10]Vgl. Niemeier: EU-Datenschutz-Grundverordnung: Noch ein Jahr bis zur Umsetzung, 2017

zu den Informationen sollte jedem relevanten Mitarbeiter gewährleistet sein. In diesem Zusammenhang geht das Datenmanagement auch auf die Verbesserung der Informationsqualität ein, d.h. dass Daten richtig, konsistent, aktuell, aufgabenbezogen und zusammenhängend sind. Des Weiteren beschäftigt sich das Datenmanagement mit der Entwicklung von produktiven Anwendungssystemen durch den Einsatz von Datenbanken sowie geeigneten Modellierungstechniken.[11]

2.2   Datensicherung

Bei einem Datenverlust, selbst nur von Teildatenbeständen, kann dies den Fortbestand des Unternehmens erheblich gefährden. Dadurch, dass Daten, beispielsweise durch technisches Versagen, versehentliches Löschen oder böswillige Manipulation, stets Gefahren ausgesetzt sind, müssen diese entsprechend geschützt werden. Dabei beruht die Datensicherung (engl. Back-up)[12] der Devise darauf, dass Daten mehrfach gesichert bzw. kopiert werden sollen (Redundanz), um zu gewährleisten, dass die zu schützenden Datenbestände zügig wiederhergestellt werden können.

In diesem Zusammenhang muss betont werden, dass der Begriff Datensicherung nicht mit dem Konzept der Datenarchivierung verwechselt werden sollte.[13] Auch besteht im Kontext der Datensicherung die Möglichkeit der Verwechslung mit dem Begriff der Datensicherheit. Datensicherheit bezieht sich auf den Schutz der Daten entsprechend der gegebenen Anforderung an deren Vertraulichkeit, Verfügbarkeit und Integrität.[14] Auf die Thematik der Datensicherheit kann aufgrund des begrenzten Umfangs nicht eingegangen werden.

2.3   Datenarchivierung

Als Datenarchivierung wird die langfristige und unveränderliche Aufbewahrung (mehrere Jahre/Jahrzehnte) von Daten in elektronischer bzw. digitaler Form bezeichnet. Aufgrund der üblichen Erwartung, dass die Daten bis zum Ablauf der Aufbewahrungsfrist abrufbar oder gar zeitlich unbegrenzt verfügbar sein sollen, spielt die Datenarchivierung eine besondere Rolle im Umgang mit Daten in einem Unternehmen. Es ist wichtig zu erwähnen, dass bei der Archivierung von Daten auch der Kontext erhalten bleibt, damit eine jeweilige Rekonstruktion des gespeicherten Vorgangs stattfinden kann.[15]

---

[11] Vgl. Krcmar: Informationsmanagement, 2015, S. 178–179; vgl. Voß/Gutenschwager: Informationsmanagement, 2001, S. 249
[12] Vgl. Sowa: Management der Informationssicherheit, 2017, S. 11
[13] Vgl. Aebi: Praxishandbuch Sicherer IT-Betrieb, 2004, S. 143
[14] Vgl. Sowa: Management der Informationssicherheit, 2017, S. 11
[15] Vgl. Bundesamt für Sicherheit in der Informationstechnik (Hrsg.): B 1.12 Archivierung, 2016

3.   Nutzen und Aufwand

Das folgende Kapitel hat sich zum Ziel gesetzt, das Verhältnis zwischen Nutzen und Aufwand von Datenmanagement, -sicherung und -archivierung gegenüberzustellen und diese zu bewerten.

3.1   Datenmanagement

Das Datenmanagement umfasst neben dem Umgang mit Referenzmodellen und unternehmensspezifischen Datenmodellen auch die Auswahl einer geeigneten Datenbankarchitektur und eines geeigneten Datenbanksystems. Daten an sich sind jedoch nicht wertschöpfend, denn erst mittels der Interpretation und der Nutzung durch Informations- und Wissensträgern kommt es zu einer Wertschöpfung. Solche Informations- und Wissensträger wandeln die Daten in Entscheidungen und Handlungen um und nehmen Ressourcen des Managementprozesses in Anspruch.[16]

Im Vorfeld sollte zunächst eine Strategie zum Datenmanagement entwickelt werden, die beinhaltet, welche Systeme und Aufgaben auf welche Art und Weise zur Verfügung gestellt werden müssen. Außerdem sollten zur Gewährleistung einer besseren Organisation, die Verantwortungsbereiche für die Pflege sowie zur Erfassung der Daten definiert und untereinander abgestimmt werden. Jedoch stehen die bereitgestellten Daten im Unternehmen in unterschiedlichen Ausprägungen zur Verfügung. Neben E-Mails, PDF-Dokumenten und Office-Dateien werden auch öfter Audio- oder Videodateien abgelegt. Während die vorherigen Beispiele zu den unstrukturierten Daten gezählt werden können, fallen im Rahmen der Geschäftsprozesse, wie beispielsweise Rechnungen, Lieferscheine oder Angebote, strukturierte Daten an.[17]

Des Weiteren können zwei unterschiedliche Ansätze für das Datenmanagement definiert werden; das Stammdatenmanagement sowie das Enterprise Content Management. Das Stammdatenmanagement (engl. Master Data Management, MDM) umfasst damit die unternehmensweite Verwaltung in Bezug auf Master- und Stammdaten (z. B. Kunden- oder Materialstammdaten) mit deren Verteilung und Vorhaltung. Das Enterprise Content Management (ECM) befasst sich mit der ganzheitlichen Verwaltung unstrukturierter Daten, wie Präsentations- oder Textdokumenten.[18]

Die Basis der bereits genannten Ansätze bilden Datenmodelle, die als Referenz für einen Wirtschaftszweig erstellt werden und einen allgemeingültigen Charakter besitzen. Diese Referenzmodelle dienen als Vorlage für unternehmensspezifische Datenmodelle und sollen Empfehlungen

---

[16] Vgl. Krcmar: Einführung in das Informationsmanagement, 2015, S. 42
[17] Vgl. Krcmar: Einführung in das Informationsmanagement, 2015, S. 42–43
[18]Vgl. Krcmar: Einführung in das Informationsmanagement, 2015, S. 43–44

aussprechen können und vorbildliche Darstellungen bieten. Des Weiteren sollen diese den Charakter eines Sollmodells einnehmen. Soll hingegen ein unternehmensweites Datenmodell entwickelt werden, greift man auf die Datenmodellierung zurück. Dieses stellt die Datenobjekte aller Unternehmensbereiche dar, was ein systematisch-konstruktives Vorgehen voraussetzt. Nachdem die Datenmodellierung abgeschlossen ist, wird mit der technischen Umsetzung des Modells begonnen und im Zuge dessen ein geeignetes Datenbanksystem, das aus den eigentlichen Nutzdaten sowie dem Datenbankverwaltungssystem bzw. Datenbankmanagementsystem (DBMS) besteht, gewählt. Die Datenbasis des Datenbanksystems erhält die Bezeichnung permanenter oder materialisierter Speicher und enthält Informationseinheiten, welche miteinander in Beziehung stehen sowie grundlegend für die Steuerung und Kontrolle eines Aufgabenbereichs sind.[19]

Dabei spielt eine mangelhafte Qualität der Daten eine große Rolle für Unternehmen, denn aufgrund doppelter Einträge in den Kundendaten, kann es beispielsweise zu unangemessenen hohem Aufwand für den Versand von Produktkatalogen kommen. Weiterhin führen Fehler in Kundenadressen zu unzustellbaren Rechnungen, woraufhin Mahnschreiben erstellt werden, was damit zum Kundenärgernis führt. Für das Unternehmen hat es zur Folge, dass sich die Einnahmen verzögern.[20] Somit muss dem Datenmanagement eine große Bedeutung im Unternehmen eingeräumt werden.

Zusammenfassend nehmen folgende Faktoren Einfluss auf das Datenmanagement eines Unternehmens;

- die Informationsintensität eines Unternehmens,
- wieviel Informationen und Wissen für die Entwicklung, Herstellung und Vermarktung seiner Produkte gebraucht wird,
- Innovationsgrad eines Produktes,
- die Reaktionsfähigkeit eines Unternehmens auf Veränderungen am Markt einzugehen,
- eine heterogene und komplexe Unternehmensumwelt,
- die Intensität der Ausrichtung des Unternehmens auf Kundenbedürfnisse,
- die Vernetzung des Unternehmens,
- Abhängigkeit vom Wissen und Können der Mitarbeiter und Arbeitsgruppen.

---

[19]Vgl. Krcmar: Einführung in das Informationsmanagement, 2015, S. 44–48
[20]Vgl. Heinrich/Stelzer/Riedl: Informationsmanagement, 2014, S. 255

Das Datenmanagement des Unternehmens sollte somit im gesamten Kontext betrachtet werden und gedanklich sowie praktisch in Bezug auf neue Trends und neue Technologien stetig weiterentwickelt werden.[21] Jedoch sollten trotz aller Qualitätsansprüche aus ökonomischer Sicht nicht alle Datenelement im Unternehmen im Hinblick auf das Qualitätsmanagement gleichbehandelt werden. Vielmehr sollte bei der Definition, der Herstellung und Überwachung der Datenqualität auf die Wirtschaftlichkeit geachtet werden. Um diese Daten dahingehend zu identifizieren, inwiefern deren Qualität für das gesamte Informationssystem eine tragende Rolle spielt, sollte eine Risikobewertung erfolgen. Außerdem ist die Häufigkeit derer Verwendung zu ermitteln und zu analysieren.[22] Insofern muss auch der Aufwand für das Datenmanagement von wirtschaftlichem Nutzen sein und eine Einbindung in die Strategieentwicklung des Unternehmens erfolgen.[23]

3.2 Datensicherung

Ein Datenverlust kann erhebliche Folgen auf die Geschäftsprozesse eines Unternehmens nach sich ziehen, da bei einer Zerstörung oder bei einem Verlust geschäftsrelevanter Daten Geschäftsprozesse verzögert oder gar bei deren Ausführung verhindert werden können. Das bedeutet, dass bei einem Datenverlust nicht nur ein Ausfall der Produktion und Kosten für die Wiederbeschaffung der Daten drohen, auch kann ein Verlust der Daten langfristige Folgen, wie beispielsweise Vertrauenseinbußen bei den Kunden und Geschäftspartnern und ein Negativeindruck beim Image des Unternehmens, haben. Schlimmstenfalls bedroht solch ein Schaden unmittelbar die Existenz des Unternehmens.[24] Aufgrund dessen ist die Implementierung einer Datensicherung für Unternehmen notwendig, da Daten einer potentiellen Gefährdung ausgesetzt sind. Dabei werden laut BSI folgende Gefahrenquellen mit möglichen Ursachen definiert:

- höhere Gewalt,
- organisatorische Mängel,
- menschliche Fehlhandlungen,
- technisches Versagen,
- vorsätzliche Handlungen.[25]

---

[21]Vgl. Dippold/Meier/Schnider/Schwinn: Unternehmensweites Datenmanagement, 2005, S. 27
[22]Vgl. Dippold/Meier/Schnider/Schwinn: Unternehmensweites Datenmanagement, 2005, S. 247
[23]Vgl. Dippold/Meier/Schnider/Schwinn: Unternehmensweites Datenmanagement, 2005, S. 24
[24]Vgl. Bundesamt für Sicherheit in der Informationstechnik (Hrsg.): G 4.13 Verlust gespeicherter Daten, 2009
[25]Vgl. Krcmar: Informationsmanagement, 2015, S. 541

Um diesen Ursachen entgegen wirken zu können, werden Back-ups eingesetzt, welche eine Sicherungskopie der Daten erstellen und somit eine Momentaufnahme darstellen. Solche Back-ups werden in regelmäßigen Abständen erzeugt und stehen in mehreren Versionen zur Verfügung. Somit wird gewährleistet, dass verlorene oder kompromittierte Daten in dem zuletzt als gültig definierten ursprünglichen Zustand wiederhergestellt werden kann. Da jedoch auch die Datenwiederherstellung eine kurzzeitige Unterbrechung der Verfügbarkeit verursacht, sollte im Idealfall ein RAID-System zur simultanen Verwendung mehrerer Speichermedien implementiert werden. Dieses gewährleistet eine hohe Verfügbarkeit bei Ausfällen.[26]

Das BSI legte Einflussfaktoren für die Verfahrensweisen der Datensicherung fest, um auf die Modalitäten einer Datensicherungsstrategie hinzuweisen und diese zu definieren. Folgende Faktoren beeinflussen die Datensicherung:

- Art der Datensicherung,
- Häufigkeit und Zeitpunkt der Datensicherung,
- Anzahl der Generationen,
- Vorgehensweise und Speichermedium,
- Verantwortlichkeit für die Datensicherung,
- Aufbewahrungsort,
- Anforderungen an das Datensicherungsarchiv,
- Transportmodalitäten und
- Aufbewahrungsmodalität.

Weiterhin klassifiziert das BSI drei Arten von Datensicherungen: die Volldatensicherung, die inkrementelle sowie die differentielle Datensicherung, auf die im Folgenden weiter eingegangen wird.

Bei der Volldatensicherung sind die gesamten zu sichernden Daten zu einem bestimmten Zeitpunkt auf einem zusätzlichen Datenträger zu speichern. Jedoch findet kein Abgleich mit der letzten Datensicherung statt, was zu einem hohen Speicherbedarf führt. Als Vorteil kann die vollständige Bereitstellung der wiederherzustellenden Datei ohne Verluste angesehen werden. Solch eine Restaurierung ist schnell und einfach möglich, da nur die betroffene Datei extrahiert wird. Nachteilig

---

[26]Vgl. Krcmar: Einführung in das Informationsmanagement, 2015, S. 99

wirkt sich dagegen die unregelmäßige Durchführung der Volldatensicherung aus, da aufgrund umfangreichen nachträglichen Änderungen innerhalb einer Datei ein hoher Nacherfassungsaufwand entsteht.

Die inkrementelle Datensicherung verhält sich im Gegensatz zur Volldatensicherung wie folgt; es werden nur die Daten gesichert, welche sich gegenüber der letzten Datensicherung (Voll- oder inkrementelle Datensicherung) geändert haben. Als vorteilhaft gestaltet sich hierbei der Bedarf an Speicherplatz und die erforderliche Zeit zur Sicherung. Dagegen wirkt sich die Restaurierung der Daten nachteilig aus, da diese einen wesentlich höheren Zeitbedarf, aufgrund der Extrahierung der Daten aus verschiedenen Zeitpunkten, in Anspruch nimmt. In diesem Zusammenhang sollte beachtet werden, dass die inkrementelle Datensicherung auf Basis der Volldatensicherung durchgeführt wird. In regelmäßigen Abständen wird eine Volldatensicherung erzeugt, während in den Perioden dazwischen eine oder mehrere inkrementelle Datensicherungen vorgenommen werden. Als Grundlage zur Restaurierung der Daten dient die letzte Volldatensicherung, welche um die zwischenzeitlich geänderten Dateien aus den inkrementellen Sicherungen ergänzt wird.

Ähnlich verhält sich die differentielle Datensicherung, die nur die Daten sichert, welche sich gegenüber der letzten Volldatensicherung geändert haben. Hinsichtlich dem Speicherbedarf benötigt die Art der differentiellen Datensicherung mehr Speicherplatz; dagegen können die Daten aber wesentlich schneller und einfacher wiederhergestellt werden. Voraussetzung für die Datenrestaurierung ist die letzte Voll- und die aktuellste differentielle Datensicherung. Dies steht im Kontrast zur inkrementellen Datensicherung, bei der unter Umständen mehrere Datensicherungen nacheinander eingelesen werden müssen.

In diesem Zusammenhang wird häufig auch von der Datenspiegelung als Methode zur Datensicherung gesprochen, bei der Daten redundant und zeitlich auf verschiedenen Datenträgern gesichert werden. Diese Methode steigert die Datenverfügbarkeit aufgrund der Zeitüberbrückung beim Ausfall eines Speichers. Jedoch kann eine Datenspiegelung keine Datensicherung ersetzen, da bei einer Datenspiegelung kein Schutz gegen Diebstahl, Brand oder unbeabsichtigte Datenlöschung besteht.[27]

---

[27]Vgl. Bundesamt für Sicherheit in der Informationstechnik (Hrsg.): M 6.35 Festlegung der Verfahrensweise für die Datensicherung, 2013

Im Zuge der Richtlinien zur Datensicherung spricht die BSI die Empfehlung aus, Maßnahmen zur Rekonstruktion von Daten mit Hilfe von Datensicherungsbeständen sporadisch, zumindest aber nach jeder Änderung des Datensicherungsverfahrens vorzunehmen. Es soll ein einmaliger Nachweis der vollständigen Rekonstruktion der Daten, beispielsweise der Gesamtbestand eines Servers, durchgeführt werden können.[28]

3.3 Datenarchivierung

Im Vorfeld sollten die beiden Begriffe „Datenarchivierung" und „Back-up" klar abgegrenzt werden, da diese oft synonym verwendet werden.[29]

Während bei der Datenarchivierung Daten bewusst vorgehalten werden, welche hingegen aber nur sporadisch abgerufen werden und für das Unternehmen aufgrund von branchenspezifischen Regularien gespeichert werden müssen, werden bei Back-ups Daten in regelmäßigen Abständen auf ein Medium kopiert. Bei der Langzeitarchivierung ist zu gewährleisten, dass die Aufbewahrung eine nachträgliche Änderung unterbindet. Back-ups sollten einen signifikanten Wert für die Wiederherstellung von zwei Wochen bis vierundzwanzig Monaten besitzen[30], während die Daten bei einer Langzeitarchivierung zehn Jahre und länger aufbewahrt werden müssen. Wichtig beim Back-up ist das möglichst schnelle Wiederherstellen (Retention) von verlorengegangenen Datenbeständen. Als Speichermedium für Back-up-Daten dienen Festplatten beziehungsweise Storage-Systeme, Bänder (Tapes) und Cloud-basierte Online-Speicher. Bei der Archivierung setzt man auf spezielle Datenträger wie Magnetbänder, optische Speichermedien oder Festplatten.[31]

Sind Daten nicht mehr im ständigen Zugriff, werden diese von hochverfügbaren Speichern in Archive ausgelagert. Entsprechend der gesetzlichen Auflagen müssen Systeme revisionssicher, also fälschungssicher und unveränderbar, sein. Weiterhin müssen alle Zugriffe protokolliert, die Aktionen auf und innerhalb des Archivs sowie das ausschließliche Auffinden der Inhalte über einen

---

[28]Vgl. Bundesamt für Sicherheit in der Informationstechnik (Hrsg.): M. 6.41 Übungen zur Datenrekonstruktion, 2013
[29]Vgl. Rouse: Datenarchivierung, 2010
[30]Vgl. Rouse: Datenarchivierung, 2010; vgl. Estevez: Strategien bei Backup und Archivierung, 2015; vgl. Krcmar: Einführung in das Informationsmanagement, 2015, S. 100
[31]Vgl. Reder: Ratgeber Langzeitarchivierung, 2014

Suchalgorithmus gesetzlich verankert werden. Aufgrund der Ausfallsicherheit, des Katastrophen-schutzes sowie gesetzlicher Vorschriften sind Archivdaten auf zwei räumlich voneinander ge-trennten Systemen vorzuhalten.[32]

Das BSI spricht die Empfehlung aus, zunächst ein konkretes Konzept zum Aufbau eines Archi-vierungssystems zu entwickeln, das alle Einflussgrößen, wie beispielsweise organisationsinterne oder rechtliche Vorgaben, technische und organisatorische Umgebungsbedingungen sowie Ent-scheidungskriterien, beinhaltet. Ebenso sollte dabei der Kostenaspekt auf Wirtschaftlichkeit ge-prüft werden. Die elektronische Archivierung sollte eher als dynamischer Prozess angesehen wer-den und muss daher regelmäßig an den aktuellen Gegebenheiten angepasst werden.[33]

Zusammenfassend spielen folgende Eigenschaften bei der Datenverwaltung in revisionssicheren Archiven eine grundlegende Rolle:

- Sicher: Datenverfügbarkeit über mehrere Jahre oder Jahrzehnte sowie Sicherung vor Zer-störung während ihrer vorgesehenen Lebenszeit
- Unveränderbar: Unveränderbarkeit der Daten, was zu einer Einschränkung in der Auswahl der Archivierungsmedien führt
- Vollständig: Gewährleistung vor Verlust der Daten auf dem Weg zum oder im Archiv
- Ordnungsgemäß: Einhaltung gesetzlicher Bestimmungen
- Verlustfrei reproduzierbar: Druckbarkeit und Wiederherstellung der Daten in der gleichen Form wie bei der Erfassung
- Recherchierbar: Auffindbarkeit der Daten.[34]

4. Vor- und Nachteile von Datensicherungsmedien für die Langzeitarchivierung

Bibliotheken und Archive sind traditionell für die Langzeitarchivierung von Dokumenten zustän-dig. Im Laufe der Zeit werden diese dort aber teilweise bereits durch digitale Dokumente abgelöst. Der Großteil des aktuellen Kulturgutes wird bereits in digitaler Form erzeugt. Eine langfristige, verfälschungsfreie Erhaltung und Wiedergabe digitaler Dokumente soll daher durch verschiedene Methoden gewährleistet werden.[35] Nachstehend werden die verschiedenen Medien anhand der

---

[32]Vgl. Krcmar: Einführung in das Informationsmanagement, 2015, S. 99
[33]Vgl. Bundesamt für Sicherheit in der Informationstechnik (Hrsg.): M 2.243 Entwicklung des Archivierungskon-zepts, 2013
[34]Vgl. Schmitz/Burmester: Kompendium Medieninformatik, 2007, S. 236
[35]Vgl. Schmitz/Borghoff/Rödig/Scheffczyk: Langzeitarchivierung, 2005, S. 489

Kriterien Kapazität, Datentransferraten, Zugriffszeit, geschätzte Haltbarkeit, räumliches Volumen sowie dessen mittleren Preis beleuchtet. Die durchschnittliche Preisermittlung erfolgte durch das Online-Preisvergleichsportal „idealo.de" mit dem Stand Februar/März 2018. Weiterhin sind die maximalen Leistungsparameter aus verschiedenen Herstellerangaben durchschnittlich ermittelt worden. Die Berechnung des räumlichen Volumens erfolgte mittels der Formel:

$$\text{Räumliches Volumen pro } GB = \frac{\text{Länge x Breite x Tiefe des Mediums}}{\text{Speicherkapazität}}$$

4.1 Magnetisches Speichermedium

Datenträger	Kapazität in *GB*	Datentransferrate in *MB/s*	Zugriffszeit in *ms*	Geschätzte Haltbarkeit in Jahren	Maße in *mm* (Breite x Höhe x Tiefe)	Räumliches Volumen pro *GB* in *mm³*	Mittlerer Preis in *€/GB*
LTO[36]	36000	140	-	30-50	448*88*810	887,04	0,15
HDD[37]	5000	140	10	5	70*10*100[38] (2,5" Laufwerk)	14	0,5

Tabelle 1: Übersicht ausgewählter magnetischer Speichermedien[39]

Magnetbänder zählen zur ältesten Speichertechnologie und sind immer noch verbreitet in Gebrauch, da diese eine kostengünstige Option unter der Einhaltung der gesetzlichen Vorgaben für die Daten- und Videoarchivierung darstellen.[40] Magnetische Speichermedien, wie LTO sind, bedingt durch die gezielte lokale Veränderung des magnetischen Grundmediums zur Erzielung des Speichereffekts, sehr anfällig gegenüber starken magnetischen Einflüssen, die auf das Speichermedium einwirken. Ohne zusätzliches Sicherungsverfahren ist diese Speichertechnologie prinzipiell, trotz ihrer hohen Haltbarkeit, nur für die kurzfristige Archivierung geeignet, da sie zudem stets wiederbeschreibbar bzw. löschbar ist.[41] Die Lebensdauer der Magnetbänder werden auch durch defekte Lesegeräte, was die Oberfläche des Bandes beschädigen könnte und durch häufige

---

[36]Vgl. o. V.: Fujitsu ETERNUS LT40 S2 LTO-5 HH FC, 2018
[37]Vgl. Alcorn: The Power Bits, 2016
[38]Vgl. SanDisk (Hrsg.): SanDisk G3 SSD Abmessung, 2018
[39]Vgl. Neuroth/Oßwald/Scheffel/Strathmann/Huth: Nestor-Handbuch, 2009, Kap. 10:15-17
[40]Vgl. o. V.: IBM erzielt Rekordspeicherdichte auf Magnetband, 2010
[41]Vgl. Bundesamt für Sicherheit in der Informationstechnik (Hrsg.): M 4.169 Verwendung geeigneter Archivmedien, 2013

Benutzung, vor allem das Schreiben und Lesen von kleineren Datensätzen im Start-Stopp-Verfah-ren, verkürzt.[42] Das betrifft ebenfalls Festplatten bzw. HDD, ob nun extern oder intern, die sich trotz ihrer hohen Speicherkapazität und ihrem geringen Preis, nicht für langfristige Archivierung von Informationen eigen. Zur regelmäßigen Sicherung der Datenbestände und sogar zum Back-up eines ganzen Systems, ob nun täglich oder zumindest wöchentlich, können Festplatten hingegen problemlos verwendet werden. Spezialisierte Software wird zu diesem Zweck genutzt. Neben dem Nachteil der elektromagnetischen Beeinflussbarkeit sind Festplatten weiterhin gegenüber Stürzen, Erschütterungen, starken Temperaturschwankungen, hohen Betriebstemperaturen und Feuchtig-keit recht empfindlich.[43]

4.2 Optisches Speichermedium

Datenträ-ger	Kapazität in *GB*	Daten-transfer-rate in *MB/s*	Zugriffs-zeit in *ms*	Ge-schätzte Haltbar-keit in Jahren	Maße in *mm* (Breite x Höhe x Tiefe)	Räumli-ches Volu-men pro *GB* in *mm³*	Mittlerer Preis in *€/GB*
CD	0,7	70 (52x)	50	30-50	141x141x168[44]	47714,4	0,1
DVD	4,7	80 (8x)	65	30-50	155x135x130[45]	5787,77	0,2
Blu-Ray	50	288 (8x)	65	30-50	139x139x95[46]	734,2	0,5

Tabelle 2: Übersicht ausgewählter optischer Speichermedien[47]

Die in Tabelle 2 genannten optischen Speichermedien sind vergleichsweise günstig und können durch handelsübliche Computer gelesen bzw. abgespielt werden. Für die Ermittlung der Maße einer CD und DVD wurde von der Größe einer Spindel mit der Anzahl von 100 Rohlingen ausge-gangen, bei der Blu-Ray von einer Anzahl von 50 Rohlingen pro Spindel. Da optische Speicher-medien eine eher geringe Speicherkapazität besitzen, werden diese eher selten als vollständiges System-Back-up genutzt. Hingegen reichen diese aber für die meisten Datensicherungen aus. Be-dingt durch ihre Empfindlichkeiten gegen Kratzer, magnetische Einflüsse, Erschütterungen, Was-ser u.a. sind optische Speichermedien dennoch vergleichsweise gegenüber den anderen Datensi-

---

[42]Vgl. Ritscher: Seminar Langzeitarchivierung Speichermedien in der Langzeitarchivierung, 2009, S. 7
[43]Vgl. Salvisberg: So bleiben Ihre Daten lange erhalten, 2009
[44]Vgl. o. V.: Philips CD-R Rohlinge (700 MB Data/ 80 Minuten, 52x High Speed Aufnahme, 100er Spindel), 2018
[45]Vgl. o. V.: Philips DVD-R Rohlinge (4.7 GB Data/ 120 Minuten Video, 16x High Speed Aufnahme, 100er Spindel), 2018
[46]Vgl. o. V.: Verbatim 43812 25 GB 6 x BD-R SL Datalife Tintenstrahldrucker - 50 Packung Spindel, 2018
[47]Vgl. Neuroth/Oßwald/Scheffel/Strathmann/Huth: Nestor-Handbuch, 2009, Kap. 10:15-17

cherungsmedien robust. Aufgrund falscher Lagerbedingungen kann es bei optischen Speichermedien schnell zu Unlesbarkeit des Mediums kommen. Auch das verwendete Herstellungsmaterial und die Qualität des optischen Mediums nimmt Einfluss auf die Haltbarkeit und führt zu unterschiedlichen Lebenserwartungen.[48]

4.3 Elektronisches Speichermedium

Datenträger	Kapazität in *GB*	Datentransferrate in *MB/s*	Zugriffszeit in *ms*	Geschätzte Haltbarkeit in Jahren	Maße in *mm* (Breite x Höhe x Tiefe)	Räumliches Volumen pro *GB* in *mm³*	Mittlerer Preis in *€/GB*
SSD[49]	50000	2500	0,2	10	70*10*100[50] (2,5" Laufwerk)	1,4	10
USB-Stick	256	420	-	10	11*21*71[51]	64,07	0,28

Tabelle 3: Übersicht ausgewählter elektronischer Speichermedien[52]

Wie in Tabelle 3 zu sehen, bieten USB-Speichersticks viel Speicherkapazität zu einem geringen Preis. Darüber hinaus sind diese durch ihre leichte Bedienung sehr flexibel. Durch dauerhaften Betrieb sind diese verschleißgefährdet. Herstellerseitig sind Angaben von 100.000 und mehr Schreibzyklen angegeben, was die Haltbarkeit enorm beeinträchtigt.[53]

SSD eignen sich bestenfalls für eine Archivierung über ein knappes Jahrzehnt, da diese noch nicht lange in der Praxis der Archivierung gebräuchlich sind und es keine genauen Angaben gibt, wie lange die auf einer SSD gespeicherten Daten erhalten bleiben, wenn sie außer Betrieb ist.[54]

4.4 Onlinespeicher

„Unter Cloud Computing versteht man ein IT-basiertes Bereitstellungsmodell, bei dem Ressourcen sowohl in Form von Infrastruktur als auch Anwendungen und Daten als verteilter Dienst über das Internet durch einen oder mehrere Leistungserbringer bereitgestellt werden."[55] Die Datenspeicherung in einer Cloud scheint aktuell eher die vielversprechendste Methode gegenüber lokalen Archivierungslösungen zu sein. Vorteilig ist bei dieser Archivierungsalternative die erhebliche

---

[48]Vgl. Salvisberg: So bleiben Ihre Daten lange erhalten, 2009
[49]Vgl. o. V.: Solid-State-Drive, 2018
[50]Vgl. SanDisk (Hrsg.): SanDisk G3 SSD Abmessung, 2018
[51]Vgl. SanDisk (Hrsg.): SanDisk Extreme PRO® USB 3.1 Solid State Flash-Laufwerk, 2018
[52]Vgl. Neuroth/Oßwald/Scheffel/Strathmann/Huth: Nestor-Handbuch, 2009, Kap. 10:15-17
[53]Vgl. Schasche: Flashspeicher: USB-Sticks und SSDs zur Archivierung, 2017
[54]Vgl. Jacobi/Schischka: Datenarchivierung: Das sind die besten Methoden, 2017
[55] Krcmar: Informationsmanagement, 2015, S. 723

Kostenreduktion und die Übertragung der Verantwortung für die Lagerung und Erreichbarkeit der Daten an den Cloud-Service-Provider. Somit lassen sich im Rahmen des IT-Managements Kosten-, Qualitäts-, Flexibilitäts- und Kompetenzressourcen einsparen oder umschichten.[56] Weiterhin können die extern genutzten Ressourcen in Abhängigkeit des jeweils aktuellen Bedarfs flexibel gebucht werden.[57] Somit ergibt sich kein räumliches Volumen für die Datenarchivierung. Jedoch bleibt der Auftraggeber, auch wenn die Archivierung als beauftragte Dienstleistung betrieben wird, selbst für die Erfüllung aller in Verbindung stehenden Anforderungen verantwortlich.[58] Nachteilig wirkt sich weiterhin die Frage aus, ob der gewählte Anbieter der Cloud auch in mehr als zehn Jahren noch existiert und auf welchen Archivierungsmedien die Daten gesichert werden.[59]

5. Fallstudie: Konzept für Datenmanagement, -sicherung und -archivierung

Im Folgenden soll ein Konzept für das Datenmanagement, die Datensicherung und Archivierung der Daten in einer fiktiven Fallstudie erstellt werden.

5.1 Ausgangssituation

Ein kommunales mittelständiges Energieversorgungsunternehmen bezweckt künftig ein ERP-System zur Abwicklung ihrer unternehmerischen Aufgaben und zur besseren Planung ihrer Ressourcen, darunter Kapital, Personal, Materialwirtschaft, Vertrieb und Produktion mit gemeinsamer Datenbasis, zu implementieren. Die bisherige Vorgehensweise, mit einzeln geführten und nicht zusammenarbeitenden IT-Anwendungen, soll einer miteinander kommunizierenden Anwendungssoftware mit einzelnen Anwendungsmodulen, die je nach Unternehmensbedarf miteinander kombiniert werden können, weichen.[60] Alle im Unternehmen ablaufenden Geschäftsprozesse sollen durch das ERP-System unterstützend abgedeckt werden. Darüber hinaus sollen die Datenbanken archiviert und vor Verlust geschützt werden.

5.2 Datenmanagementkonzept

Verwendet wird künftig eine ganzheitliche ERP-Software, die die unternehmensspezifischen Geschäftsprozesse abdecken kann. Diese muss, entsprechend der Unternehmensgröße, den Rahmen-

---

[56]Vgl. LANline (Hrsg.): Magnetband, Festplatte oder Cloud?, 2014
[57]Vgl. Krcmar: Informationsmanagement, 2015, S. 725
[58]Vgl. Odenthal: Digitale Archivierung, 2011, S. 67
[59]Vgl. LANline (Hrsg.): Magnetband, Festplatte oder Cloud?, 2014
[60]Vgl. Springer Gabler Verlag (Hrsg.): Enterprise-Resource-Planning-System, 2018

bedingungen des Unternehmens flexibel und skalierbar sein. Zur Anwendung kommt eine Branchenlösung, die das Datenmanagement hierbei von anderen Systemen integrieren kann und auf dem Storage des Servers angelegten Datenbank gehalten wird. Um den Zugriff für alle berechtigten Personen zu gewährleisten, werden die auf dem Storage befindlichen Daten in einem SAN, einem Hochleistungsnetzwerk, das verschiedene Arten von Storages mit den zugehörigen Datenservern verbindet, bereitstellt.[61] Neben dem Webshop des Unternehmens und dem Vertrieb als primäre Datenquelle für die Kunden- und Auftragsdaten, fließen auch Daten von externen Dienstleistern, Fachberatern und Laufkundschaft in die ERP-Software ein. Für eine reibungsfreie Kommunikation mit anderen involvierten Systemen, wie u.a. das interne LVS, werden neben der serverbasierten Abwicklung des ERP-Systems auch die Daten hybrid in einem Cloud Storage Services, der die Daten aufbewahrt, verwaltet und über das Internet zugänglich macht, für das Unternehmen verfügbar sein. Eine Nutzung der ERP-Software wird dadurch auf mobilen Endgeräten gewährleistet.[62]

5.3 Datensicherungskonzept

Die Daten werden zum einen auf dem Anwendungsserver des Unternehmens gespeichert. Weiterhin erfolgt eine redundante Synchronisation der Datenbank in den Cloud Storage Service des ERP-Softwareherstellers in Echtzeit. Sollte im Bedarfsfall, beispielsweise durch einen Datenverlust, der Anwendungsserver beeinträchtigt sein, können die Daten mittels einer Speicherabbildsicherung komplett wiederhergestellt bzw. rückgesichert werden. Um zusätzlichen Schutz zu gewährleisten, werden die Daten auf einer in Netzwerk angebundenen NAS in einem Vollbackup als Snapshot, also einer Momentaufnahme der Datenbank zu einem definierten Zeitpunkt, gesichert.[63] Außerdem wird wöchentlich eine inkrementelle Datensicherung auf einer separaten NAS durchgeführt.

Darüber hinaus wird, damit bei einem Ausfall einzelner Speichermedien die Integrität und Funktionalität des Unternehmens beibehalten, ein RAID-System entsprechend der Abbildung 1 empfohlen, welches die Ausfallzeit minimiert. Dieses kompensiert die durch das Wiederherstellen von

[61]Vgl. Rouse: Definition Storage Area Network (SAN), 2007
[62]Vgl. Wyllie: Moderne ERP-Lösungen aus der deutschen Cloud, 2014; vgl. Rouse: Definition Cloud Storage Service (Storage-Dienst in der Cloud), 2016
[63]Vgl. Graefen: Definition: Wozu braucht man einen Storage Snapshot?, 2017

Daten temporäre Nichtverfügbarkeit[64] des ERP-Systems und gewährleistet eine höhere Dienstleistungsqualität, da es dadurch beispielweise nicht zu einem kompletten Stillstand der Auftragsbearbeitung kommt.

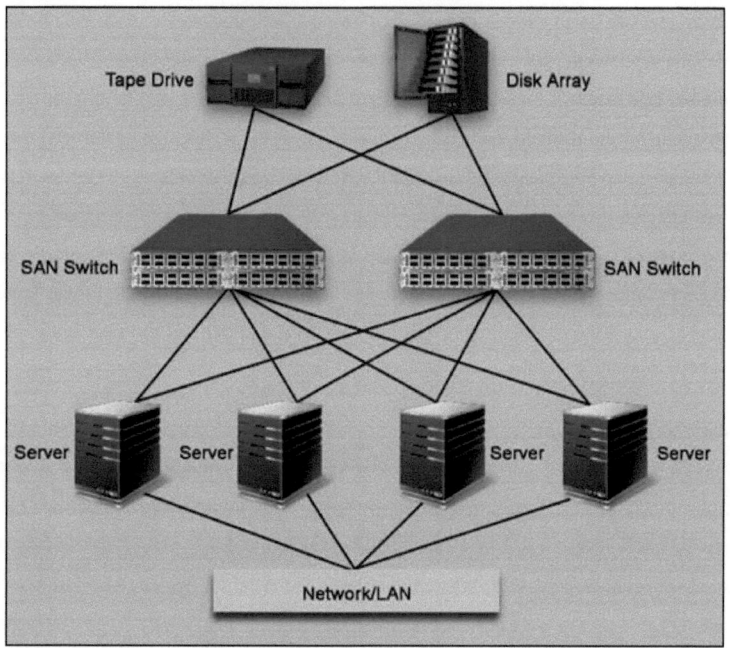

Abbildung 1: Aufbau eines Storage Area Network[65]

5.4 Datenarchivierungskonzept

Für die Archivierung von Unternehmensdaten sollen diese auf Magnetbändern revisionssicher gespeichert werden, da diese eine hohe Speicherkapazität sowie eine sehr gute Lagermöglichkeit bieten.[66] Dabei wird im Vorfeld definiert, welche Daten für eine Archivierung in Frage kommen. Dabei sollen folgende Daten nach einem Jahr für die spätere Verwendung, deren Wiederfinden und Aufbereitung ins Archiv verschoben werden:

---

[64]Vgl. Krcmar: Einführung in das Informationsmanagement, 2015, S. 99
[65] Data Center Solution (Hrsg.): Storage Area Network (SAN), 2017
[66]Vgl. Reder: Ratgeber Langzeitarchivierung, 2014

- alle Daten/Dokumente der Abteilung,
- alle Daten/Dokumente der Geschäftsprozesse,
- alle Geschäftsdaten,
- alle Buchhaltungsdaten,
- alle Kundendaten, sowie
- alle Daten der Klassifikationsstufe.[67]

Das BSI empfiehlt sich auf Standardformate von Bildern und Dokumenten, wie PDF/A, SGML, XML, JPEG und TIFF, gegebenenfalls ASCII zu beschränken, um auch noch nach zehn Jahren mit einer Lesbarkeit der Dateien rechnen zu können.[68]

Bei jährlich stattfindenden Qualitätsaudits und Management-Reviews sollte sowohl das Sicherungs- als auch das Archivsystem auf ihre Wirksamkeit geprüft und durch kontinuierliche Verbesserungen weiterentwickelt werden.[69]

Des Weiteren ermöglicht der Softwarehersteller des ERP-Systems die Datenbank in der Cloud zusätzlich zu archivieren. Er gewährleistet eine Zugriffsmöglichkeit von 10 Jahren. Geprüft werden sollte in diesem Zusammenhang auch, ob die zuvor genannten Daten, auch in einer Cloud archiviert werden sollten.

6. Schlussbetrachtung

In den vergangenen Jahren wuchs die Bedeutung von Daten um ein Vielfaches. Gründe dafür liegen unter anderen an der Digitalisierung und Automatisierung in der Industrie. Unvorstellbar große Datenmengen liegen in den Unternehmen vor und müssen gemanagt werden. Oft fehlen hingegen die Kapazitäten für einen durchdachten Umgang mit solchen Herausforderungen. Auch im Umgang mit der Datensicherung ist darauf zu achten, dass die Daten jederzeit am richtigen Ort mit der richtigen Qualität vorliegen müssen. Entsprechend sollte eine Grundlage für eine Gesamtsicht auf sämtliche Anwendungen, Prozesse und Informationsobjekte sowie eine angemessene organisatorische Unterstützung im Unternehmen geschaffen werden. Mit Hilfe eines effizienten Datenmanagements können nicht nur Alltagsprobleme beim täglichen Umgang mit Informationen

---

[67]Vgl. Bundesamt für Sicherheit in der Informationstechnik (Hrsg.): M 2.242 Zielsetzung der elektronischen Archivierung, 2013
[68]Vgl. Reder: Ratgeber Langzeitarchivierung, 2014
[69]Vgl. Pfund: Elektronische Archivierung, 2012

verhindert werden, vielmehr können die vorhandenen Daten gewinnbringend und wertschöpfend eingesetzt werden. Doch Daten sind ständig der Gefahr von vielen Faktoren, wie Feuer, Diebstahl und menschlichem und technischem Versagen ausgesetzt. Daher sollte Wert auf eine vernünftige Datensicherungsstrategie gelegt werden und eine Kopie der System- und Nutzdaten erzeugt werden. Ein sogenanntes Back-up der Daten kann das Risiko eines Datenversuchtes drastisch minimieren. Ebenso ist ein funktionierendes Datenmanagement die Voraussetzung für eine effiziente Langzeitarchivierung. Dabei ist darauf zu achten, dass bei einer Langzeitarchivierung die Daten bis zum Ablauf einer vorgegebenen Aufbewahrungsfrist verfügbar sind und deren Vertraulichkeit und Integrität gewahrt bleibt. Dazu ist auch der Kontext zu erhalten, damit der jeweilige gespeicherte Vorgang rekonstruiert werden kann. Unter Umständen sollen elektronische Dokumente zeitlich unbegrenzt verfügbar sein.

Hinsichtlich des begrenzten Umfangs dieser Arbeit wurden einige Informationen, die mit dieser Thematik im Zusammenhang stehen, nicht bzw. nicht ausführlich erwähnt. Weiterhin konnten Schlagwörter, wie „Datability", „Big Data" und „Datenschutz", die im Kontext der Thematik stehen, aufgrund des Umfangs des Assignments nicht beleuchtet werden. Auch konnte zu den Themen Datenmanagement, -sicherung und -archivierung nicht tiefgreifend eingegangen werden; es wurde lediglich auf die Grundzüge eingegangen. Weiterhin konnten nur wenige ausgewählte Medien zur Langzeitarchivierung genannt werden. Hybride Lösungen, wie MOD, die das magnetische und optische Verfahren vereinen, konnten nicht auf ihre Tauglichkeit untersucht werden. Der Aufbau eines RAID-Systems konnte auch nicht in diesem Zusammenhang erläutert werden. Da zahlreiche Möglichkeiten für Datenmanagement, -sicherung und -archivierung existieren, sollte jedoch fallspezifisch entschieden werden und anhand verschiedener definierter Kriterien ermittelt werden, welche Möglichkeit jeweils die passende für ein Unternehmen ist. Einen Königsweg gibt es in diesem Zusammenhang nicht.

Literaturverzeichnis

Aebi, D.: Praxishandbuch Sicherer IT-Betrieb. Risiken erkennen Schwachstellen beseitigen IT-Infrastrukturen schützen, Wiesbaden, s.l. 2004.

Alcorn, P. 2016: The Power Bits. http://www.tomshardware.com/news/seagate-barracuda-firecuda-hdd-sshd,32860.html. Zuletzt geprüft am 04.03.2018.

Bundesamt für Sicherheit in der Informationstechnik (Hrsg.) 2009: G 4.13 Verlust gespeicherter Daten. https://www.bsi.bund.de/DE/Themen/ITGrundschutz/ITGrundschutzKataloge/Inhalt/_content/g/g04/g04013.html. Zuletzt geprüft am 13.02.2018.

Bundesamt für Sicherheit in der Informationstechnik (Hrsg.) 2013: M 2.242 Zielsetzung der elektronischen Archivierung. https://www.bsi.bund.de/DE/Themen/ITGrundschutz/ITGrundschutzKataloge/Inhalt/_content/m/m02/m02242.html?nn=6604926. Zuletzt geprüft am 17.03.2018.

Bundesamt für Sicherheit in der Informationstechnik (Hrsg.) 2013: M 2.243 Entwicklung des Archivierungskonzepts. https://www.bsi.bund.de/DE/Themen/ITGrundschutz/ITGrundschutzKataloge/Inhalt/_content/m/m02/m02243.html. Zuletzt geprüft am 18.02.2018.

Bundesamt für Sicherheit in der Informationstechnik (Hrsg.) 2013: M 4.169 Verwendung geeigneter Archivmedien. https://www.bsi.bund.de/DE/Themen/ITGrundschutz/ITGrundschutz-Kataloge/Inhalt/_content/m/m04/m04169.html. Zuletzt geprüft am 06.03.2018.

Bundesamt für Sicherheit in der Informationstechnik (Hrsg.) 2013: M 6.35 Festlegung der Verfahrensweise für die Datensicherung. https://www.bsi.bund.de/DE/Themen/ITGrundschutz/ITGrundschutzKataloge/Inhalt/_content/m/m06/m06035.html. Zuletzt geprüft am 15.02.2018.

Bundesamt für Sicherheit in der Informationstechnik (Hrsg.) 2013: M. 6.41 Übungen zur Datenrekonstruktion. https://www.bsi.bund.de/DE/Themen/ITGrundschutz/ITGrundschutzKataloge/Inhalt/_content/m/m06/m06041.html. Zuletzt geprüft am 15.02.2018.

Bundesamt für Sicherheit in der Informationstechnik (Hrsg.) 2016: B 1.12 Archivierung. https://www.bsi.bund.de/DE/Themen/ITGrundschutz/ITGrundschutzKataloge/Inhalt/_content/baust/b01/b01012.html. Zuletzt geprüft am 26.01.2018.

Data Center Solution (Hrsg.) 2017: Storage Area Network (SAN). https://en.vcenter.ir/storage/storage-area-network-san/. Zuletzt geprüft am 17.03.2018.

Dippold, R./Meier, A./Schnider, W./Schwinn, K.: Unternehmensweites Datenmanagement. Von der Datenbankadministration bis zum Informationsmanagement, Wiesbaden 2005.

Eschweiler, J./Atencio Psille, D. E.: Securitywork. Pragmatische Konzeption und Implementierung von IT-Sicherheit mit Löungsbeispielen auf Open-Source-Basis, Berlin, Heidelberg 2006.

Estevez, S. 2015: Strategien bei Backup und Archivierung. http://www.it-administrator.de/themen/storage/fachartikel/191752.html.

Graefen, R. 2017: Definition: Wozu braucht man einen Storage Snapshot? https://www.storage-insider.de/wozu-braucht-man-einen-storage-snapshot-a-517745/. Zuletzt geprüft am 17.03.2018.

Heinrich, L. J./Stelzer, D./Riedl, R.: Informationsmanagement. Grundlagen, Aufgaben, Methoden, Berlin/Boston 2014.

Höinghaus, C. 2015: Big Data wirtschaftlich sinnvoll einsetzen. https://www.cio.de/a/big-data-wirtschaftlich-sinnvoll-einsetzen,3246278. Zuletzt geprüft am 31.01.2018.

Jacobi, J. L./Schischka, S. 2017: Datenarchivierung: Das sind die besten Methoden. https://www.pcwelt.de/ratgeber/Datenarchivierung-Das-sind-die-besten-Methoden-9977044.html. Zuletzt geprüft am 06.03.2018.

Krcmar, H.: Einführung in das Informationsmanagement, Berlin 2015.

Krcmar, H.: Informationsmanagement, Wiesbaden 2015.

LANline (Hrsg.) 2014: Magnetband, Festplatte oder Cloud? Langzeitarchivierung von Unternehmensdaten. http://www.lanline.de/magnetband-festplatte-oder-cloud-html/. Zuletzt geprüft am 06.03.2018.

Neuroth, H./Oßwald, A./Scheffel, R./Strathmann, S./Huth, K.: Nestor-Handbuch. Eine kleine Enzyklopädie der digitalen Langzeitarchivierung, Boizenburg 2009.

Niemeier, M. 2017: EU-Datenschutz-Grundverordnung: Noch ein Jahr bis zur Umsetzung. https://www.dnvgl.de/news/eu-datenschutz-grundverordnung-noch-ein-jahr-bis-zur-umsetzung-93215?gclid=EAIaIQobChMIvKGfqMeG2QIVrr3tCh2y9AAiE-AAYBCAAEgIJoPD_BwE. Zuletzt geprüft am 02.02.2018.

o. V. 2010: IBM erzielt Rekordspeicherdichte auf Magnetband. https://www.tecchannel.de/a/ibm-erzielt-rekordspeicherdichte-auf-magnetband,2025299. Zuletzt geprüft am 06.03.2018.

o. V. 2011: TÜV Rheinland: Datenverlust erzeugt in Unternehmen hohe Kosten. https://www.presseportal.de/pm/31385/2091677. Zuletzt geprüft am 01.02.2018.

o. V. 2018: Fujitsu ETERNUS LT40 S2 LTO-5 HH FC. https://www.idealo.de/preisvergleich/OffersOfProduct/3859465_-eternus-lt40-s2-lto-5-hh-fc-fujitsu.html. Zuletzt geprüft am 27.02.2018.

o. V. 2018: Philips CD-R Rohlinge (700 MB Data/ 80 Minuten, 52x High Speed Aufnahme, 100er Spindel). https://www.amazon.de/dp/B0000DEYZR/ref=psdc_430099031_t1_B00029MNTU. Zuletzt geprüft am 07.03.2018.

o. V. 2018: Philips DVD-R Rohlinge (4.7 GB Data/ 120 Minuten Video, 16x High Speed Aufnahme, 100er Spindel). https://www.amazon.de/dp/B000E0LLCM/ref=psdc_430104031_t3_B009NXOKOM. Zuletzt geprüft am 07.03.2018.

o. V. 2018: Solid-State-Drive. https://www.itwissen.info/Solid-State-Drive-solid-state-drive-SSD.html. Zuletzt geprüft am 27.02.2018.

o. V. 2018: Verbatim 43812 25 GB 6 x BD-R SL Datalife Tintenstrahldrucker - 50 Packung Spindel. https://www.amazon.de/Verbatim-43812-BD-R-Datalife-Tintenstrahldru-

cker/dp/B00DHS9F5I/ref=pd_sim_147_2?_encoding=UTF8&psc=1&re-
fRID=VPCT88F76YRXJQCH8TEM. Zuletzt geprüft am 07.03.2018.

Odenthal, R.: Digitale Archivierung. Grundlagen - Techniken - Vorgehen in Projekten, Heidelberg, Hamburg 2011.

Pfund, A. 2012: Elektronische Archivierung. http://andreas-pfund.de/archivierung/elektronische_archivierung/elektronische_archivierung.php. Zuletzt geprüft am 17.03.2018.

Reder, B. 2014: Ratgeber Langzeitarchivierung. Auf immer und ewig archiviert. https://www.computerwoche.de/a/auf-immer-und-ewig-archiviert,2521331. Zuletzt geprüft am 18.02.2018.

Ritscher, F. 2009: Seminar Langzeitarchivierung Speichermedien in der Langzeitarchivierung. https://www.unibw.de/inf2/Lehre/FT09/lza/ritscher.pdf. Zuletzt geprüft am 06.03.2018.

Rouse, M. 2007: Definition Storage Area Network (SAN). http://www.searchstorage.de/definition/Storage-Area-Network-SAN. Zuletzt geprüft am 16.03.2018.

Rouse, M. 2010: Datenarchivierung. http://www.searchstorage.de/definition/Datenarchivierung. Zuletzt geprüft am 18.02.2018.

Rouse, M. 2016: Definition Cloud Storage Service (Storage-Dienst in der Cloud). http://www.searchstorage.de/definition/Cloud-Storage-Service-Storage-Dienst-in-der-Cloud. Zuletzt geprüft am 16.03.2018.

Salvisberg, G. 2009: So bleiben Ihre Daten lange erhalten. https://www.freenet.de/digitalewelt/computermobile/so-bleiben-ihre-daten-lange-erhalten_1050486_4734088.html. Zuletzt geprüft am 04.03.2018.

SanDisk (Hrsg.) 2018: SanDisk Extreme PRO® USB 3.1 Solid State Flash-Laufwerk. https://www.sandisk.de/home/usb-flash/extremepro-usb. Zuletzt geprüft am 04.03.2018.

SanDisk (Hrsg.) 2018: SanDisk G3 SSD Abmessung. Was sind die Abmessungen fuer G3 SanDisk SSD Festplatte? https://kb-de.sandisk.com/app/answers/detail/a_id/4012/~/sandisk-g3-ssd-abmessungen. Zuletzt geprüft am 01.03.2018.

Schasche, S. 2017: Flashspeicher: USB-Sticks und SSDs zur Archivierung. http://www.pc-magazin.de/ratgeber/speichermedien-lebensdauer-dvd-festplatte-usb-stick-floppy-disk-1485976-15668.html. Zuletzt geprüft am 06.03.2018.

Schmitz, L./Borghoff, U. M./Rödig, P./Scheffczyk, J. 2005: Langzeitarchivierung, in: Informatik Spektrum 28, 6, S. 489–492.

Schmitz, R./Burmester, M. (Hrsg.) 2007: Kompendium Medieninformatik. Medienpraxis, Berlin, Heidelberg.

Sowa, A.: Management der Informationssicherheit. Kontrolle und Optimierung, Wiesbaden 2017.

Springer Gabler Verlag (Hrsg.) 2018: Enterprise-Resource-Planning-System. http://wirtschaftslexikon.gabler.de/Definition/enterprise-resource-planning-system.html. Zuletzt geprüft am 16.03.2018.

Voß, S./Gutenschwager, K.: Informationsmanagement, Berlin, Heidelberg, s.l. 2001.

Wyllie, D. 2014: Moderne ERP-Lösungen aus der deutschen Cloud. https://www.computerwoche.de/a/moderne-erp-loesungen-aus-der-deutschen-cloud,2541640. Zuletzt geprüft am 16.03.2018.